第二祖日興上人御画像（総本山大石寺蔵）

総本山大石寺御開山・第二祖

日興上人略伝

発刊の辞

本書は、昭和五十七年の第二祖日興上人・第三祖日目上人第六百五十回遠忌を記念して出版された『日興上人・日目上人正伝』をもとに、内容を抜粋・再編したものです。

御開山日興上人は、宗祖日蓮大聖人より血脈法水《けちみゃくほっすい》を相伝され、本門弘通《ぐずう》の大導師として独《ひと》り本門戒壇の大御本尊をお護《まも》り申し上げ、謗法《ほうぼう》と化した身延《みのぶ》を去って富士上野の地に総本山大石寺を開き、大聖人の仏法を後世へ正しく伝えられました。

また、『日興遺誡置文《ゆいかいおきもん》』等を以て門下に訓誡せられ、さらに興学《こうがく》・布教に心血を注がれて、令法久住《りょうぼうくじゅう》・広宣流布《こうせんるふ》の礎《いしずえ》を築かれたのです。

本宗僧俗におかれては、本書を熟読し、日興上人の御精神を身に体《たい》して、大聖人の正法を世に顕揚《けんよう》すべく、折伏弘教に精進なされますよう祈ってやみません。

令和四年十月

日蓮正宗　宗　務　院

目次

引用書名略号

御　書―平成新編日蓮大聖人御書（大石寺版）
聖　典―日蓮正宗聖典（大石寺版）
法華経―新編妙法蓮華経并開結（大石寺版）
歴　全―日蓮正宗歴代法主全書（大石寺版）
富　要―富士宗学要集

※本書は、第二祖日興上人御生誕七七〇年奉祝委員会編『日興上人略伝』を再刊したものである。

誕生

日興上人は、寛元《かんげん》四（一二四六）年三月八日、甲斐国《かいのくに》大井荘《おおいのしょう》鰍沢《かじかざわ》（山梨県南巨摩《こま》郡富士川町鰍沢）に誕生された。『日興上人御伝《ごでん》草案』には、

「日興上人は八十八代一院の御宇《ぎょう》、寛元四ひのへむま御誕生、俗姓は紀氏《きうじ》、甲州《こうしゅう》大井の庄の人なり。幼少にして駿州《すんしゅう》四十九院寺に上り修学あり」（御伝土代《ごでんどだい》・富要五―七ページ）

現在の鰍沢

と書かれている。

父は大井橋六《きつろく》という。もとは遠江《とおとうみ》国（静岡県西部）の俗姓紀氏の出身で、甲斐の大井荘に移り住んだ。甲州大井には、大聖人より御書を頂いた大井荘司《おおいのしょうじ》という信徒もいるが、この大井荘司は地元の武田家や南部家等と同族の甲斐源氏《げんじ》であり、大井橋六とは別人である。

母は駿河《するが》国富士上方河合《かみかたかわい》（静岡県富士宮市長貫）に住した河合入道（由比《ゆい》氏）の娘である。

鰍沢周辺

父の大井橘六は、若くして亡くなり、母は幼い日興上人ら兄弟を連れて実家の富士河合に戻り、のちに武蔵《むさし》国綱島《つなしま》（神奈川県横浜市）の綱島九郎太郎に再嫁《さいか》した。

修学

日興上人は、幼少のころ、修学のため、富士川を下った蒲原《かんばら》荘（静岡県富士市中之郷付近）の四十九院に入り、次いで対岸の賀島《かじま》荘岩本（富士市岩本）の実相寺に入られた。

日興上人は、四十九院や実相寺で学問の基礎を修《おさ》め、また東へ数キロメートル離れた須津《すど》荘の良覚美作阿闍梨《みまさかあじゃり》に中国の古典思想や文学・漢文などの外典《げてん》を学び、地頭《じとう》の冷泉中将《れいぜいちゅうじょう》に歌道・書道を学ばれた。

入門

正嘉《しょうか》二（一二五八）年、日興上人は十三歳の時、実相寺を訪れた日蓮大聖人に初めてお目にかかった。

この時、大聖人は、前年に起きた鎌倉大地震を機に『立正安国論《りっしょうあんこくろん》』の述作を決意され、災難の原因が邪宗教にあることの経証《きょうしょう》を得るため、実相寺の経蔵に入られた。

大聖人の尊容《そんよう》と御高徳を拝した日興

大聖人に弟子入りを請う日興上人

上人は、入門を願い出て弟子となり、伯耆房《ほうきぼう》との交名《きょうみょう》を賜《たまわ》った。

伊豆への随侍《ずいじ》

日蓮大聖人は、文応《ぶんおう》元（一二六〇）年七月十六日、幕府に『立正安国論』を提出された。自分たちの信ずる念仏信仰を破折《はしゃく》された幕府の要人たちは、国家の危機を案ずるどころか、大聖人に怨《うら》みを持った。

翌弘長《こうちょう》元（一二六一）年五月十二日、幕府の兵が鎌倉松葉ヶ谷《まつばがやつ》の大聖人の草庵《そうあん》に乱入し、大聖人を伊豆流罪《るざい》に処した。

地元の漁師船守弥三郎《ふなもりやさぶろう》夫妻は、伊豆川奈《かわな》の津に置き去りにされた大聖人をかくまった。この時、十六歳の伯耆房も、伊豆に駆けつけて大聖人に給仕《きゅうじ》された。そのかたわら、宇佐見《うさみ》、吉田などの近隣を教化《きょうけ》・折伏《しゃくぶく》に歩き、熱海《あたみ》の真言僧金剛院行満《こんごういんぎょうまん》を改衣《かいえ》させて、大乗寺（現在は日蓮宗）を創したと伝えられている。

弘長三（一二六三）年、伯耆房は、流罪《るざい》を赦免《しゃめん》された大聖人にお供して鎌倉に登り、さらに縁のある甲斐・駿河方面にも足を運んで布教に尽力《じんりょく》された。

佐渡《さど》での給仕《きゅうじ》

文永《ぶんえい》八（一二七一）年、伯耆房は、大聖人の佐渡配流《はいる》にもお供されている。時に二十六歳であった。

配所であった塚原三昧堂《つかはらさんまいどう》について『種々御振舞御書《しゅじゅおふるまいごしょ》』には、

「蓮台野《れんだいの》のやうに死人を捨つる所に一間四面《いっけんしめん》なる堂の仏もなし、上はいたまあはず、四壁《しへき》はあばらに、雪ふりつもりて消ゆる事なし。かゝる所にしきがは打ちしき蓑《みの》うちきて、夜をあかし日をくらす。夜は雪《ゆき》雹《あられ》・雷電《いなずま》ひまなし、昼は日の光もさゝせ給はず、心細かるべきすまゐなり」（御書一〇六二ページ）

とある。三昧堂は墓地のなかの一間四面のあばらやで、そこで蓑を着て寒さを凌《しの》ぎ、極寒のなかを過ごされたのである。

伯耆房は、阿仏房《あぶつぼう》夫妻など、佐渡で入信した信徒と共に、

「所須《しょしゅ》を供給《くきゅう》し、菓《このみ》を採《と》り水を汲《く》み、薪《たきぎ》を拾《ひろ》い食《じき》を設《もう》け」

（提婆達多品《だいばだったほん》第十二・法華経三五七ページ）

の経文のとおり大聖人にお仕《つか》え申し上げた。

伯耆房は、このような常随《じょうずい》給仕のなかに、おのずから日蓮大聖人こそ末《まっ》法《ぽう》出現の御本仏であると信解《しんげ》されたのである。

仏法の修行、特に僧侶の修行は、読経《どきょう》・唱題《しょうだい》、教学研鑚《きょうがくけんざん》のみにあるのではなく、日々、師匠にお仕えすることが肝心であり、これによって御法門を体得することができるのである。

このような師弟の姿に触《ふ》れた佐渡の信徒は、日興上人の給仕の姿を目《ま》の当たりにして、さらなる信仰に励《はげ》んだ。

大聖人の身延《みのぶ》入山

文永十一（一二七四）年三月二十六日、佐渡配流から二年半ぶりに鎌倉に帰られた日蓮大聖人は、日を置かず平左衛門尉頼綱《へいのさえもんのじょうよりつな》ら幕府の要人と対面し三度目の諫暁《かんぎょう》を行った。しかし、聞き入れられなかったため隠棲《いんせい》を決意され、日興上人の案内によって身延に入られた。

大聖人は『報恩抄』に、
「賢人の習《なら》ひ、三度《みたび》国をいさ《諫》むるに用《もち》ゐずば山林にまじわれということは定まれるれい《例》なり」（御書一〇三〇ページ）

と、隠棲の理由を示されているが、その御本意は、三大秘法の整足と、弟《で》子檀那《しだんな》の育成により広宣流布《こうせんるふ》を期《き》することにあった。

各地への布教

この時期、日興上人は大聖人にお給仕しながら、甲斐、駿河、伊豆、遠江に教線を張り、多くの信徒を教導された。

甲斐では、すでに南部（山梨県南巨摩郡）の波木井《はきり》一族を化導《けどう》されていたが、そのなかより播磨《はりま》公・越前《えちぜん》公が出家して弟子となった。さらに秋山

日興上人の弘教地域

家や大井荘司入道などが帰依《きえ》し、また寂日房日華《じゃくにちぼうにっけ》師が入門した。その日華師の弟子であった日仙《にっせん》師らもあいついで改宗した。

駿河《するが》では、富士郡上野郷（富士宮市上野）の地頭南条七郎次郎時光《ときみつ》が、日興上人の教導により、父兵衛《ひょうえ》七郎の跡《あと》を継《つ》いで純真な信仰に励むようになった。

時光の長姉《ちょうし》である蓮阿尼《れんあに》は伊豆の新田《にいだ》五郎重綱《しげつな》に嫁《とつ》いで、のちに第三祖日目上人の生母となり、別の姉も日目上人の兄の四郎信綱《のぶつな》に嫁いだ。また、もう一人の姉が富士郡重須《おもす》（富士宮市北山）の地頭石川兵衛入道に嫁いだ関係で、石川家も帰依《きえ》している。

さらに庵原《いはら》郡松野（富士市松野）の領主松野六郎左衛門入道の次男で、四十九院に修学していた日持《にちじ》が日興上人の弟子となり、その縁で松野家も帰依している。日持はのちに大聖人の高弟六人（六老僧《ろくろうそう》）の一人となった。

時光の母は松野六郎左衛門入道の娘である。

また富士郡西山（富士宮市西山）では日興上人の祖父の河合入道が帰依し、その娘で日興上人の叔母《おば》が嫁いだ富士郡賀島の高橋六郎入道も早くから帰依した。

日興上人は、興津《おきつ》（静岡市清水区）の周辺にも、南条家の縁で転教《てんぎょう》し、さらに遠江の新池《にいけ》家、相良《さがら》家等も教化《きょうけ》されたと伝えられている。

なお四十九院や実相寺、滝泉寺《りゅうせんじ》の多くの衆徒が日興上人の教化に浴している。そして滝泉寺の日秀《にっしゅう》師らの教化により熱原《あつわら》方面の信徒が改宗した。

日目上人の入門

文永《ぶんえい》十一（一二七四）年、日興上人は、大聖人の伊豆配流《はいる》にお供した時の縁をたどって、再び伊豆方面を巡化《じゅんけ》された。この時、南条家の縁戚《えんせき》に当たる伊豆国仁田《にった》郡畠《はたけ》郷（静岡県田方《たがた》郡函南《かんなみ》町畑毛）の新田《にいだ》家も、日興上人の教化に浴した。

新田家では、当主の五郎重綱が亡くなったあと、夫人の蓮阿尼と、子息の次郎頼綱《よりつな》、四郎信綱などが一家を支えていた。またその弟の虎王丸《とらおうまる》（のちの第三祖日目上人）が伊豆走湯山《そうとうざん》の円蔵坊《えんぞうぼう》に登り修学していたことから、日興上人は走湯山を訪れた。その際、日興上人は山内随一の学匠《がくしょう》と言われた式部僧都《しきぶそうず》と問答《もんどう》を行った。この問答を聴聞《ちょうもん》した虎王丸は、法華経の正義と日興上人の雄姿に心を打たれ、弟子となることを願った。日興上人は虎王丸の並々《なみなみ》ならぬ器量《きりょう》を見抜いて入門を許された。時に日興上人二十九歳、日目上人十五歳であった。

日目上人は、こののち建治《けんじ》二（一二七六）年、十七歳の時、身延山に登り、大聖人のもとで常随給仕《じょうずいきゅうじ》されたが、谷川の水を桶《おけ》に汲み、頭の上に乗せて、日に何度も庵室《あんしつ》に運んだので、自然に頭頂部がくぼんだと伝えられている。

熱原《あつわら》法難

富士郡下方《しもかた》荘熱原郷（富士市厚原周辺）に天台宗の滝泉寺《りゅうせんじ》という寺院があった。奈良時代の創建とされる古刹《こさつ》であるが、当時の滝泉寺は、院主代《いんじゅだい》の平左近入道行智《へいのさこんにゅうどうぎょうち》（平左衛門尉頼綱《へいのさえもんのじょうよりつな》の一族かと思われる）という人物が寺の実権を握《にぎ》っていた。

行智は、法華経の経巻《きょうがん》を紺染《こんぞめ》の型紙とし、盗人である兵部房静印《ひょうぶぼうじょういん》に金銭を納めさせて供僧《ぐそう》に任じ、配下の百姓を使って鶉《うずら》を取り、狸《たぬき》を狩り、鹿を殺して坊内で食し、仏前の池に毒を入れ、魚を殺して村里で売るなど、ひどい所行で、寺内の風紀は乱れきっていた。

建治元《けんじ》（一二七五）年ごろ、日興上人の折伏によって、滝泉寺の住僧である下野房《しもつけぼう》（のちの日秀師）・少輔房《しょうぼう》（のちの日禅《にちぜん》師）・越後房《えちごぼう》（のちの日《にち》弁《べん》師）等が帰伏《きぶく》改宗した。これに怒った行智たちは、大聖人の弟子たちを寺内から追放しようと企《たくら》んだ。この脅迫に負けて三河房頼円《みかわぼうらいえん》は、行智の言われるままに起請文《きしょうもん》を書いた。また、日禅師は富士上方河合の実家に戻ったが、身を寄せる所のない日秀師・日弁師は、なおも滝泉寺中に住し、一層の教化に励んだ。

二、三年は主として僧侶に対する迫害が続いたが、弘安元《こうあん》（一二七八）年のころには、日秀師・日弁師等の果敢《かかん》な弘教により、神四郎《じんしろう》兄弟をはじめ、近在《きんざい》の農民のなかに正法の信徒が急激に増加した。行智たちは危機感を募《つの》らせ、権力を後ろ盾《だて》に、大聖人を憎む者たちと結託《けったく》して、恐喝《きょうかつ》や暴力をもって法華の信仰を阻止《そし》しようとした。

弘安二年に入ると迫害はいよいよ激烈になり、四月には熱原郷の三日市場にある浅間《せんげん》神社で流鏑馬《やぶさめ》が行われたが、その雑踏《ざっとう》のなかで、代官の関係者が四郎という熱原法華講衆の一人に傷害を負わせ、次いで八月には、熱原法華講の弥四郎《やしろう》の首を切って、しかも日秀師たちに、その罪を着せるという悪質さであった。

そして九月二十一日、法華宗徒の百姓たちが日秀師の田の稲刈りを手伝っているところに、行智と結託した三位房《さんみぼう》や大進阿闍梨《だいしんあじゃり》・太田親昌《おおたちかまさ》・長崎時綱《ときつな》等が大勢の配下の者を連れ、馬を駆《か》って襲いかかったのである。神四郎ら二十人の熱原法華講衆は捕縛《ほばく》され、富士下方の政所《まんどころ》に引き立てられた。

さらに行智らは、神四郎の兄である弥藤次《やとうじ》入道を訴人《そにん》として、法華の衆徒が大勢で弓矢をもって滝泉寺の所有田に乱入し、稲を勝手に刈り取り、日秀師の坊に取り入れたという、嘘の申し立てを行った。

その後、神四郎ら二十人は鎌倉に移送されたが、大聖人は鎌倉の四条金吾たちに、

「彼のあつわら《熱原》の愚癡《ぐち》の者どもいゐ《言》はげまし《励》てをとす《堕》事な

襲撃を受ける熱原信徒

かれ。彼等には、たゞ一えん《円》にをも《思》い切れ、よからんは不思議、わるからんは一定《いちじょう》とをも《思》へ。ひだ《饑》るしとをも《思》わば餓鬼道《がきどう》をしへ《教》よ。さむ《寒》しといわば八かん《寒》地獄をしへ《教》よ。をそ《恐》ろし、といわばたか《鷹》にあへるきじ《雉》、ねこ《猫》にあへるねずみ《鼠》を他人とをも《思》う事なかれ」

（聖人御難事《しょうにんごなんじ》・御書一三九八ジ《ペー》）

と、囚《とら》われた熱原の信徒たちを励ますように指南されている。

また、大聖人は日秀・日弁両師の名をもって『滝泉寺申状《もうしじょう》』をしたためられ、日興上人に対して問注《もんちゅう》に備《そな》えるよう命じられた。

平頼綱の次男である飯沼判官《いいぬまはんがん》は、神四郎たちに蟇目《ひきめ》の矢を射《い》かけて脅《おど》し、法華信仰を捨てて念仏を称《とな》えるように強要した。しかし、熱原信徒は、だれ一人として退転《たいてん》する者はなかった。

『聖人《しょうにん》等御返事』には、

「今月十五日酉時御文、同じき十七日酉時到来す。彼等御勘気《ごかんき》を蒙《こうむ》るの時、南無妙法蓮華経と唱へ奉《たてまつ》ると云云。偏《ひとえ》に只事《ただごと》に非《あら》ず。定めて平《へいの》金吾の身に十羅刹《じゅうらせつ》の入《い》り易《か》はりて法華経の行者を試みたまふか。例せば雪山《せっせん》童子《どうじ》・尸毘王《しびおう》等の如《ごと》し」（御書一四〇五ページ）

と記されている。神四郎ら二十人は命を惜しまず、南無妙法蓮華経、南無妙法蓮華経と唱え続けたのである。業《ごう》を煮やした平頼綱は、中心者である神四郎・弥五郎・弥六郎の三人の首を切り、残りの十七人を禁獄《きんごく》に処した。

日蓮大聖人は、この熱原の弟子檀那の不惜身命《ふしゃくしんみょう》の信仰に御感あって、出世の本懐《ほんがい》たる本門戒壇の大

熱原三烈士の顕彰碑

御本尊を御図顕《ごずけん》あそばされたのである。

法難から十四年後の正応《しょうおう》六（一二九三）年四月二十二日、平頼綱と次男の資宗《すけむね》（飯沼判官）は謀反《むほん》を企《くわだ》て、長男の宗綱《むねつな》の訴えにより、熱原の三烈《さんれっ》士《し》を斬首《ざんしゅ》した自邸《じてい》において誅殺《ちゅうさつ》された。

徳治《とくじ》三（一三〇八）年四月八日、日興上人は熱原法難で殉教《じゅんきょう》した神四郎らの行跡《ぎょうせき》を讃《たた》えて御本尊を書写され、その脇書《わきが》きに、

「駿河国富士下方熱原郷の住人神四郎、法華衆と号《ごう》し平左衛門尉の為《ため》に頸《くび》を切らる、三人の内なり。左衛門入道法華衆の頸を切るの後、十四年を経て謀反を企つるの間誅《ちゅう》せられ畢《おわん》ぬ、其《その》子孫跡形《あとかた》無く滅亡し畢《おわん》ぬ」（御本尊脇書・富要八―二一七ページ参照）

と記されている。

相伝書の伝受

日蓮大聖人は、弟子の育成と未来広布のために、宗義《しゅうぎ》の伝授に心血を注がれた。特に、弘安元《こうあん》（一二七八）年一月までになされた法華経の講義については日興上人が筆録され、『御義口伝《おんぎくでん》』として残されている。なお、弘安元年から同三年までの法華経講義については、のちに六老僧の一人となる民部日向《みんぶにこう》が『御講聞書《おんこうききがき》』として筆記したものが今に伝わっている。

また、日興上人は大聖人より種々の相伝書を賜《たまわ》っており、弘安三年の『具騰本種正法実義本迹勝劣正伝《ぐとうほんしゅしょうぼうじつぎほんじゃくしょうれつしょうでん》（百六箇抄）』には、

「本因妙《ほんにんみょう》の教主本門の大師日蓮謹《つつし》んで之《これ》を結要《けっちょう》す。万年救護写瓶《まんねんくごしゃびょう》の弟子日興に之を授与す」（御書一六八五ジ゙ー）

と記されている。

このほかにも『法華本門宗血脈相承事《けちみゃくそうじょう》（本因妙抄）』『上行所伝三大秘法《じょうぎょうしょでんさんだいひほう》口決《くけつ》』『教化弘経七箇《しちか》口決大事』『産湯《うぶゆ》相承事』『御本尊七箇相承』等の相伝書が伝わっている。

日蓮一期弘法付嘱書《いちごぐほうふぞく》

弘安五（一二八二）年九月、日興上人は大聖人より『日蓮一期弘法付嘱書』を賜《たまわ》った。

「日蓮一期《いちご》の弘法《ぐほう》、白蓮阿闍梨《びゃくれんあじゃり》日興に之《これ》を付嘱す、本門弘通《ぐずう》の大導師たるべきなり。国主此《こ》の法を立てらるれば、富士山に本門寺の戒壇《かいだん》を建立《こんりゅう》せらるべきなり。時を待つべきのみ。事《じ》の戒法《かいほう》と謂《い》ふは是《これ》なり。就中《なかんずく》我が門弟等《もんていら》此の状を守るべきなり。

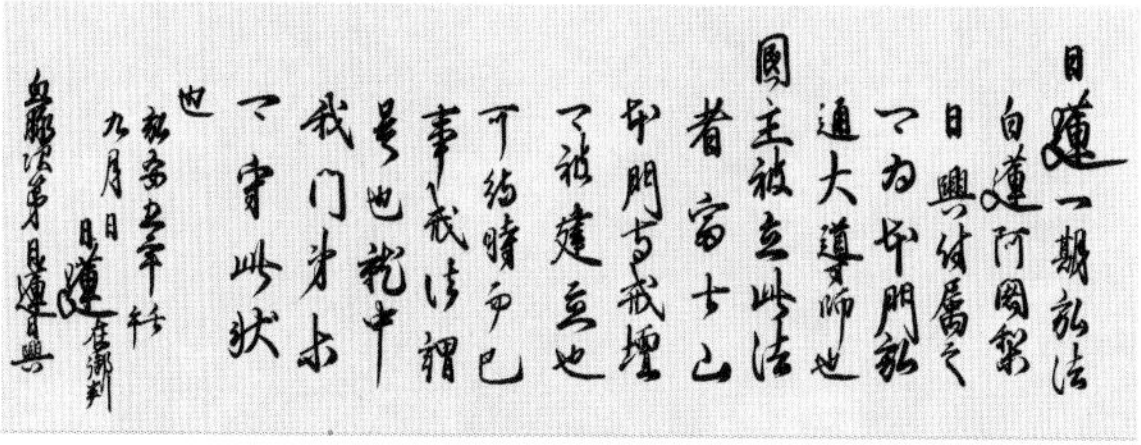

『日蓮一期弘法付嘱書』写本

弘安五年壬午九月　日　　　日　蓮　花押

血脈の次第　日蓮日興」（御書一六七五ページ）

この『日蓮一期弘法付嘱書』は本門戒壇の大御本尊の譲り状であると同時に、大聖人のすべての法門の付嘱書であり、また大聖人の後継の選定書でもある。すなわち日興上人は、大聖人の仏法の法体《ほったい》と法門のすべてを付嘱されたのである。

その法体とは三大秘法総在の本門戒壇の大御本尊である。また法門とは、大聖人の宗義および教法の一切を指す。

さらに同書の末尾には、「血脈の次第　日蓮日興」と明記されている。これは、大聖人の下種《げしゅ》仏法の相承は、一人の師から一人の弟子への唯授一人《ゆいじゅいちにん》の血脈相承という形でなければならない、ということの証明でもある。

大聖人の身延出山と六老僧の選定

大聖人は、御一期《ごいちご》における二度の配流《はいる》をはじめ、長年にわたる苦難によって疲労が重なり、建治三（一二七七）年の末ごろより体調を崩《くず》されていたが、医術《いじゅつ》の心得《こころえ》があった四条金吾の投薬《とうやく》により、一旦《いったん》は快方《かいほう》に向かわれた。

しかし、弘安四（一二八一）年五月ごろ、再び病状が重くなられた。

『八幡宮造営事《はちまんぐうぞうえい》』には、

「此《こ》の法門申し候《そうろう》事すでに廿九年なり。日々の論義、月々の難、両度の流罪《るざい》に身つかれ、心いたみ候《そうら》ひし故にや、此の七八年が間年々に衰《すい》病《びょう》をこり候ひつれども、なのめにて候ひつるが、今年は正月より其《そ》の気《け》分《ぶん》出《しゅっ》来《たい》して、既に一期をわりになりぬべし。其の上齢《よわい》既に六十にみちぬ。たとひ十に一つ今年はすぎ候とも、一二をばいかでかすぎ候べき」(御書一五五六ページ)

と、御《ご》入《にゅう》滅《めつ》の近いことを述べられている。

翌弘安五年九月八日、大聖人は弟子たちの強い勧めにより、湯《とう》治《じ》のために常《ひ》陸《たち》の湯(福島県いわき市常磐湯本町)へ向かわれることになり、身延を出山され、九月十八日、武蔵国多摩川近くの池《いけ》上《がみ》宗《むね》仲《なか》邸(東京都大田区池上)に到着された。

宗仲邸には、大聖人の来訪を知った近隣の僧侶や信徒らが、大聖人の身を案じて参集した。大聖人はそれらの人々に対し、病身を押して『立正安国論』を講義された。

そして、十月八日、大聖人は主な弟子檀越《だんのつ》を集めて、本弟子《ほんでし》六人（六老僧）を選定された。

「定
　一弟子六人の事　不次第《ふしだい》
一、蓮華阿闍梨《あじゃり》　日持《にちじ》
一、伊与《いよ》公　日頂《にっちょう》
一、佐土《さど》公　日向《にこう》
一、白蓮阿闍梨　日興
一、大国《だいこく》阿闍梨　日朗《にちろう》
一、弁《べん》阿闍梨　日昭《にっしょう》
右六人は本弟子なり、仍《よ》って向後《こうご》の為《ため》に定むる所、件《くだん》の如し。
弘安五年十月八日」（宗祖御遷化《ごせんげ》記録・御書一八六三ページ）

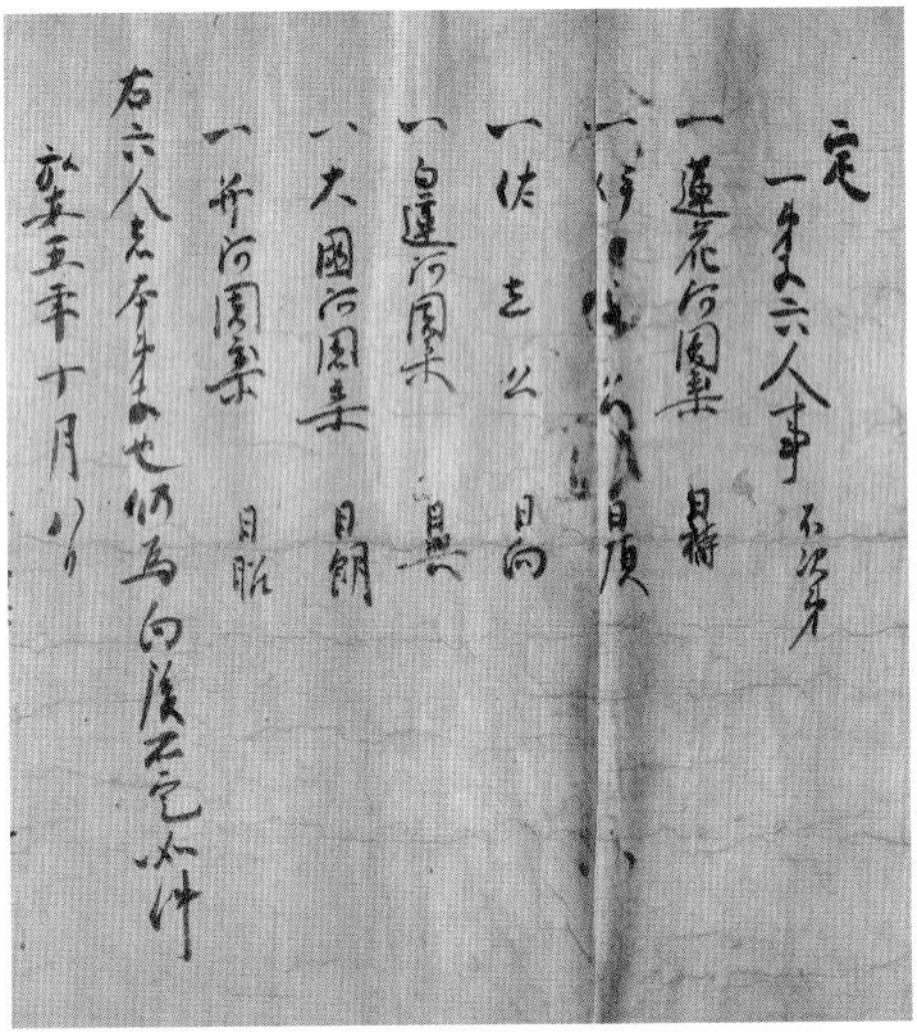

日興上人筆『宗祖御遷化記録』（西山本門寺蔵）

ここに示された六人は、法臘《ほうろう》（出家してからの年数）の浅い順に書かれているが、あえて「不次第《ふしだい》」と書き添《そ》えられていることに、大きな意義がある。すなわち、不次第の三字こそ、大聖人の仏法が六老僧の法臘の順位によらず、唯授一人の血脈相承によって日興上人に継承《けいしょう》されることを示すものである。

大聖人が六老僧を選定された理由について、日興上人は『佐渡国《さどのくに》法華講衆御返事』に、

「うちこしうちこしぢき《直》の御でし《み弟子》と申やからが、しやう《聖》人の御ときも候《そうらひ》しあひだ《間》、ほんでし《本弟子》六人をさだめ《定》おかれ《置》て候《そうろう》」（歴全一―一八四ページ）

と述べられている。すなわち、教化した初発心《しょほっしん》の師を飛び越えて、大聖人の直《じき》弟子と自称する弟子が、大聖人の御在世《ございせ》中にもいたので、師弟の筋目《すじめ》を正される上から、本弟子六人を制定されたのである。

身延山《みのぶさん》付《ふ》嘱書《ぞくしょ》

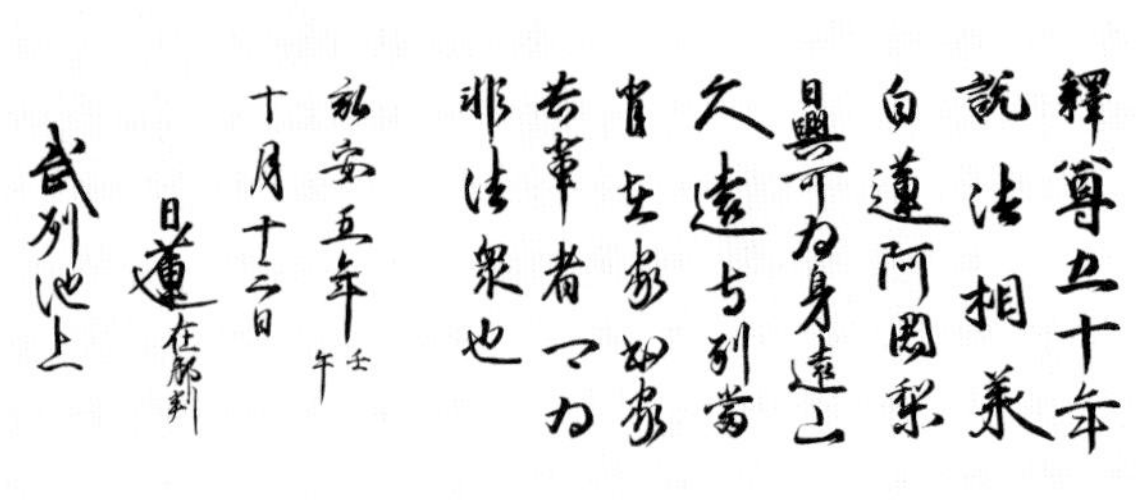
釋尊五十年
説法相承
白蓮阿闍梨
日興可為身延山
久遠寺別當
背在家出家
共輩者可為
非法衆也
弘安五年壬午
十月十三日
日蓮在御判
武州池上

『身延山付嘱書』写本

十月十三日、御入滅を間近にされた大聖人は、日興上人に身延山久遠寺の別当職《べっとうしょく》を付嘱された。

「釈尊五十年の説法、白蓮阿闍梨《びゃくれんあじゃり》日興に相承《そうじょう》す。身延山久遠寺の別当たるべきなり。背《そむ》く在家《ざいけ》出家共《ども》の輩《やから》は非法《ひほう》の衆《しゅ》たるべきなり。

弘安五年壬午十月十三日　日蓮　花押

武州　池上」

（御書一六七五ページ）

この付嘱書は、日興上人を身延山久遠寺の別当（一山《いっさん》の統括者《とうかつしゃ》）と定め、日興上人に従わない門弟・

檀越《だんのつ》は、大聖人の仏法に背《そむ》く非法《ひほう》の衆・謗法の者であると厳しく誡《いまし》められたものである。

ここに『身延山付嘱書』と先の『日蓮一期弘法付嘱書』の二つの付嘱書（二箇相承）をもって、滅後の法嗣《ほうし》を明瞭《めいりょう》に日興上人と定められた。日興上人、三十七歳の時であった。

大聖人御入滅《ごにゅうめつ》と身延帰山

大聖人は、滅後のすべてのことを日興上人に付嘱され、弘安五（一二八二）年十月十三日辰《たつ》の刻《こく》（午前八時）、安祥《あんじょう》として御入滅された。

日興上人は、大聖人の御入滅と御葬送《ごそうそう》の子細《しさい》等を記録した『宗祖御遷化《ごせんげ》記録』（御書一八六二ジペー）を残されている。

一宗の総貫主《そうかんず》として、葬儀等の一切を終えられた日興上人は、弘安五（一二八二）年十月二十一日、大聖人の御霊骨《ごれいこつ》を捧持《ほうじ》して池上を発《た》ち、同月二十五日、身延に帰山された。

大聖人の御入滅後、一旦《いったん》は悲嘆《ひたん》に暮れた弟子檀那《だんな》も、血脈付法の大導師日興上人を身延に迎えて再び活気を取り戻した。

日興上人の帰山をだれよりも喜んだのは、日興上人を初発心《しょほっしん》の師匠とした身延の地頭波木井実長《はきりさねなが》であった。

墓所輪番《むしょりんばん》

翌弘安六（一二八三）年正月、日興上人の大導師のもと、身延山において大聖人の百箇日忌《ひゃっかにちき》法要が執《と》り行われた。

日興上人は、大聖人への御報恩のため、御廟所《ごびょうしょ》（墓所）の守護と給仕を輪番（月ごとの当番制）にすることを老僧にはかられた。

この墓所輪番は大聖人の御遺言《ごゆいごん》でもあり、老僧たちも一往、これに従った。『墓所可守番帳事《むしょまもるべきばんちょうのこと》』によれば、輪番は六老僧が中心となり、中堅《ちゅうけん》十二名を加え、合計十八名によって編成されている。その文末には、

「右《みぎ》番帳の次第を守り懈怠《けだい》な

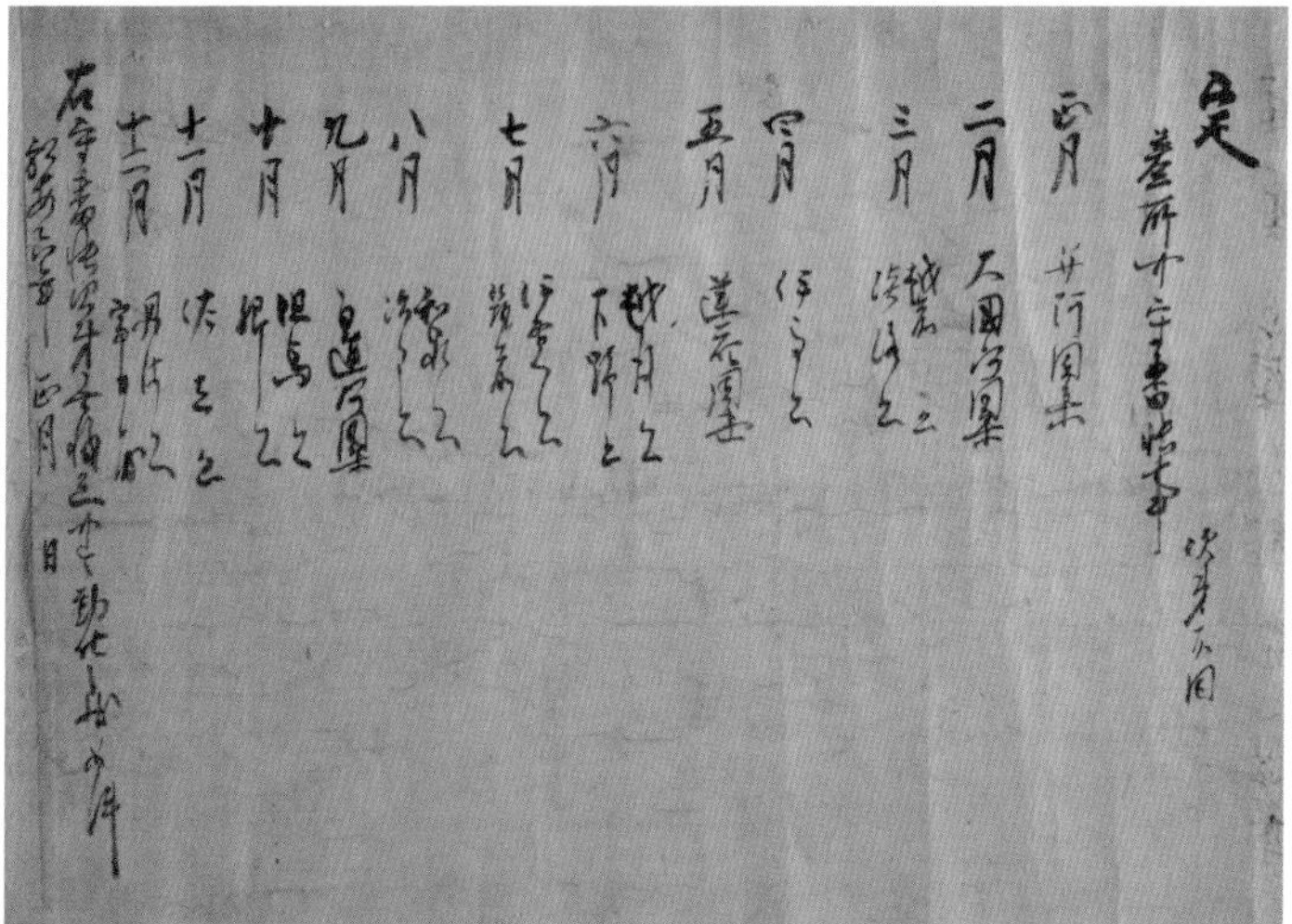

日興上人筆『墓所可守番帳事』（西山本門寺蔵）

く勤仕《ごんじ》せしむ可《べ》きの状件《くだん》の如《ごと》し
弘安六年正月　日　」（聖典五八六ジペー）

とある。

ところが、日興上人門下以外の、日昭、日朗をはじめとする弟子たちは、輪番を守ることはなかった。それどころか日昭は、大聖人が、

「墓所の寺に籠《こ》め置き、六人香花《こうげ》当番の時之《これ》を被見《ひけん》すべし」

（御書一八六六ジペー）

と御遺言された『注法華経《ちゅうほけきょう》』を、百箇日忌の直後、下山に際して奪い去った。

また日朗は立像釈迦仏《りゅうぞうしゃかぶつ》を、

「墓所の傍《かたわ》らに立て置くべし」（同ジペー）

との大聖人の御遺言を無視して、やはり下山に際して持ち去ってしまった。

このことを、のちに日興上人は、

「大国阿闍梨《だいこくあじゃり》の奪い取り奉《たてまつ》り候《そうろう》仏」（原殿《はらどの》御返事・聖典五五九ジペー）

と仰せである。

彼らは、日蓮大聖人の御遺言に背《そむ》いたばかりか、この年、身延山で行われた大聖人の第一周忌、翌年の第三回忌にさえ登山しなかったのである。

そこで、日興上人は各所に手紙を送って、門弟たちに、大聖人の墓所に参詣《さんけい》するように勧められた。そのうちの一通、上総興津《かずさおきつ》に在住する美作房《みまさかぼう》日保に送られた御消息には、五老僧たちが輪番を守らないことによって、

「身延の沢の御墓の荒れはて候《そうら》いて、鹿かせきの蹄《ひづめ》に親《まのあた》り懸《かか》らせ給《たま》い候事目《め》も当てられぬ事に候」（聖典五五五ジペー）

との状況であったと記されており、また、

「師を捨つべからずと申す法門を立てながら忽《たちま》ちに本師を捨て奉り候わん事大方《おおかた》世間の俗難《ぞくなん》も術《すべ》なく覚《おぼ》え候」（同ジペー）

と、五老僧らの不参《ふさん》と忘恩《ぼうおん》を嘆《なげ》かれている。

もちろん実際には、日興上人が身延に常住され、五老僧以外の当番月には日興上人の弟子方がついていることから、五老僧たちの給仕がなくとも、大聖人の墓所が荒れたり、香華《こうげ》を欠かすことはなかった。

民部日向《みんぶにこう》の登山

大聖人の御入滅から三年が経った弘安八（一二八五）年、六老僧の一人である民部阿闍梨《あじゃり》日向が、身延に登ってきた。

日興上人は、他の四老僧が身延登山を拒《こば》むなか、一人身延に登ってきた日向を歓迎され、身延の学頭《がくとう》に任ぜられた。

日向は、しばらくの間は日興上人の御教示《ごきょうじ》に従っていたが、翌弘安九（一二八六）年になると、徐々《じょじょ》に不法の行状を見せはじめた。

すなわち、権力者のための祈祷《きとう》は、国家が謗法の時には行わないのが大聖人の教えであることから、日興上人が再三制止したにもかかわらず、国恩を報ずるとして敢《あ》えてこれを行った。

また日向は、諸岡《もろおか》入道邸内の建物に籠居《ろうきょ》し、画工を呼んで絵曼荼羅《えまんだら》を描かせ、酒を飲んで酔ったあげく醜態《しゅうたい》を曝《さら》す有り様で、世間の笑い者になった。

このように大聖人の正義《しょうぎ》を蔑《ないがし》ろにし、末法無戒を曲解《きょっかい》する日向は、破法・敵対の道をたどっていった。

波木井実長《はきりさねなが》の謗法

学頭民部《みんぶ》日向の邪義邪説に誑惑《おうわく》された波木井実長は、日興上人の再三再四にわたる訓戒・制止にも従わず、四箇の謗法を犯した。

それは、

一、立像《りゅうぞう》の釈迦仏《しゃかぶつ》を造立《ぞうりゅう》し、本尊としようとしたこと。

二、神社参詣《さんけい》を再開し、二所権現《にしょごんげん》・三島《みしま》神社に参詣したこと。

三、南部郷福士《ふくし》の地に造立する念仏石塔の供養奉加《ほうが》に参加したこと。

四、九品《くほん》念仏の道場を建立《こんりゅう》したこと。

である。

第一の「立像の釈迦仏造立」の謗法は、日興上人が身延離山《りざん》を決意される最も大きな原因となった。脇士《きょうじ》のない立像の釈迦一体仏は、小乗を修行中の釈迦を意味するのである。すなわち釈迦像としては、最も位の低い頭《ず》陀《だ》を行ずる応身仏《おうじんぶつ》であり、末法の本尊としてこれを崇拝《すうはい》するのは大変な誤りである。

実長は大聖人の法門に対する信解《しんげ》が浅く、御正意《ごしょうい》の本尊が何であるか分からず、釈尊の木像を造立し、それを本尊としようと思い立った。それを日向は止《と》めるどころか、一体仏を造るよう勧めた。

第二の「二所権現・三島神社参詣」の謗法は、実長の子息弥三郎が三島神社に参詣しようとした時、日興上人が越前房《えちぜんぼう》を遣《つか》わして思い止《とど》まらせた。ところがこれを聞いた実長は、学頭の日向に「事《こと》の是非《ぜひ》」を問うたのである。日向はこともあろうに、「神天上《かみてんじょう》というのは、日興上人が『立正安国論』を外典《げてん》読みに、表面しか見ないために立てる法門であり、法華を持《たも》つ者が参詣すれば、法味《ほうみ》に飢《う》えた諸神は必ず来下《らいげ》するのである」と、全く大聖人の正義を蔑《ないがし》ろにする邪義を立て、実長を教唆《きょうさ》した。

大聖人が『立正安国論』に示された「神天上の法門」の正意は、一国謗《ほう》法《ぼう》の時には守護の善神は国を捨てて天に上《のぼ》り、そのあとの社《やしろ》には悪鬼魔神《あっきまじん》が棲《す》みついて災難を引き起こすのであり、けっして参詣してはならないというものである。

第三の「南部郷内の福士の塔供養」と、第四の「九品念仏の道場建立」は、謗法への布施《ふせ》である。

実長は、郷内の福士村に、謗法の石塔が建立されるに際し、「一門の勧《かん》進《じん》」と称してこれに供養・寄付した。実長の入信以後、約二十年間は波木井領内に姿を見せなかった持斎《じさい》の法師《ほっし》(念仏の行者)などが、弘安十(一二八七)年ごろには、領内に出入りするようになった。これは地頭実長が大聖人の教えに背《そむ》きはじめていたことの表れである。

また、実長は「一門の仏事を助けるため」と称して、九品往生《くほんおうじょう》を説く念仏の道場を建立して供養した。

日興上人は、公然と謗法を犯す実長に対しても再三再四、謗法を止《とど》め、大聖人御在世当時の正しい信仰に帰るよう、反省をうながされた。

「日向の考え、所行は全く大聖人の正義《しょうぎ》に背《そむ》く間違ったことばかりであり、けっして彼に従ってはいけない。大聖人御在世当時の信心に帰り、今まで日向の言を容《い》れて行った数々の事柄は全て謗法行為であると認識して改心し、大聖人の御影《みえい》の御前で謝《しゃ》し奉《たてまつ》るべきである」

（原殿《はらどの》御返事・聖典五五九ジペー取意）

と、諄々《じゅんじゅん》と理を尽くして諭《さと》された。

しかし実長は、あろうことか初発心《しょほっしん》・教導の師である日興上人に臆《おく》する

ことなく、
「我は民部《みんぶ》阿闍梨《あじゃり》を師匠にしたる也《なり》」（同五六〇ジペー）
との暴言をもって報《むく》いたのであった。

身延離山

師敵対《してきたい》の学頭民部日向と、日向に誑惑《おうわく》された地頭波木井実長によって、身延の霊地も全く謗法の山となった。

ここに至って、日興上人は、御本仏日蓮大聖人の大白法《だいびゃくほう》を未来永劫《えいごう》に伝持し、末法の民衆を救済するためには、謗法にまみれた身延山を捨て、清浄《しょうじょう》な地へ移る以外にはないとの決意を固められた。

「身延沢を罷《まか》り出《い》で候《そうろう》事面目《めんぼく》なさ本意《ほんい》なさ申し尽くし難《がた》く候《そうら》えども、

打ち還《かえ》し案じ候えば、いずくにても聖人の御義を相継《あいつ》ぎ進《まい》らせて、世に立て候わん事こそ詮《せん》にて候え。さりともと思い奉《たてまつ》るに、御弟子《みでし》悉《ことごと》く師敵対せられ候いぬ。日興一人《いちにん》本師の正義《しょうぎ》を存じて、本懐《ほんがい》を遂《と》げ奉り候べき仁《じん》に相当《あいあた》って覚え候えば、本意忘るること無くて候」

（原殿《はらどの》御返事・聖典五六〇㌻）

これは実長の子息である原殿に宛《あ》てた御手紙であり、離山に当たって

身延の沢

の日興上人の御心情を披瀝《ひれき》されたものである。

特に「身延沢を罷り出で候事面目なさ本意なさ申し尽くし難く候えども」との一文は、日興上人にとって、大聖人が九カ年にわたって住まわれ、また大聖人の御廟所《ごびょうしょ》でもある身延を離れることが実に忍《しの》びがたく、断腸《だんちょう》の思いであったことを物語っている。

しかしながら、「いずくにても聖人の御義を相継ぎ進らせて、世に立て候わん事こそ詮にて候え」と仰せのように、大聖人の法嗣《ほうし》として、身延において御廟所を守っていくことよりも、大聖人が『三大秘法抄』に、

「霊山浄土《りょうぜんじょうど》に似たらん最勝の地を尋《たず》ねて戒壇《かいだん》を建立《こんりゅう》すべき者か」（御書一五九五ジペー）

と明かされ、また『日蓮一期弘法《いちごぐほう》付嘱書』に、

「富士山に本門寺の戒壇を建立せらるべきなり」（同一六七五ジペー）

と仰せられた御遺命《ごゆいめい》・御付嘱《ごふぞく》の大事を第一とされたのである。

日興上人の身延離山は、波木井実長の謗法によるものではあるが、真実の意義は、富士山に本門寺の戒壇を建立するという本師の本願を遂《と》げるためであった。この身延離山によって、大聖人の正法と謗法厳誡の精神は、一分も違《たが》えることなく後代に伝えられたのである。

身延を離山される日興上人

かくして正応二（一二八九）年春、日興上人は大聖人の出世の本懐《ほんがい》たる本門戒壇の大御本尊をはじめ、御霊骨《ごれいこつ》等の一切の重宝を捧持《ほうじ》し、御弟子方を率《ひき》いて、大聖人御入滅《ごにゅうめつ》後、七年間住まわれた身延の沢をあとにし、富士河合《かわい》の外祖父の家に向かわれた。

笛
吹
川
甲 斐
鰍沢
河口湖
西湖
桂
川
精進湖
本栖湖
吉田
山中湖
身延山
下部
下山
久遠寺
波木井
富士山
須走
天子岳
宝永山
白糸滝
大石寺
御殿場
天母山
重
須
富
内船
妙蓮寺
下之坊
富士上方荘
須山
士
川
河
合
富士宮
愛鷹山
芝川
富士下方荘
松野
熱原滝泉寺
実相寺
四十九院
富士
須 津 荘
賀島荘
駿 河
由比
沼津
狩
野
川

甲斐・駿河周辺図

大石寺創建

日興上人は、河合の由比入道の家に逗留《とうりゅう》されたのち、富士上野郷の地頭南条時光《なんじょうときみつ》の熱心な招請《しょうせい》に応じて、南条家に入られた。

南条時光は、幼くして父の兵衛《ひょうえ》七郎と共に入信し、七歳の時に父を亡くしたが、日興上人の教導と母の慈愛《じあい》あふれる訓育《くんいく》によって立派な信仰者として成長した。

特に、弘安二（一二七九）年の熱原《あつわら》法難の際、時光は青年地頭として献身的《けんしんてき》に外護《げご》した。そのため、幕府の弾圧《だんあつ》によって不当な税を課せられ、自ら乗る馬もなく、妻子に着せる物もないといった逼迫《ひっぱく》した生活のなかでも、強盛《ごうじょう》な信心を貫き、大聖人より、

「上野賢人」（御書一四二八ジペー）

との尊称《そんしょう》を賜《たまわ》った。その後も時光は母の尼御前と共に身延の大聖人のもとへたびたび御供養をするなど、駿河《するが》地方の中心的檀越《だんのつ》であった。

日興上人は、この南条時光の屋敷の持仏堂《じぶつどう》に移られ、そこで将来、本門寺の戒壇《かいだん》を建立《こんりゅう》する場所を検討されたのである。

その結果、『富士一跡門徒存知事《いっせきもんとぞんちのこと》』に、

「駿河国富士山は広博《こうばく》の地なり。一には扶桑国《ふそうこく》なり、二には四神相応《しじんそうおう》の勝地《しょうち》なり。尤《もっと》も本門寺と王城と一所なるべき由《よし》、且《か》つは往古《おうこ》の佳例《かれい》なり、且つは日蓮大聖の本願を祈る所なり」（御書一八七三ジペー）

と称《たた》えられているように、南条家領内の北東、大石ヶ原《おおいしがはら》の地こそ最勝の地であると決定され、正応二（一二八九）年の秋より建設が始められ、同三年十月十二日、ここに大石寺が創建された。時に日興上人四十五歳、南条時光三十二歳であった。

　これを機に、翌十三日、日興上人は大聖人よりの血脈《けちみゃく》を日目上人に内付《ないふ》され、譲座《じょうざ》御本尊を授与された。

　大坊完成後、日目上人は蓮蔵坊《れんぞう》、日華師《にっけ》は寂日坊《じゃくにち》、日秀師は理境坊《りきょう》と、御弟子方が次第に各坊を創建し、今日の塔中《たっちゅう》の基礎となった。

　また日興上人は、大聖人が御入滅の前に本弟子六人を選定されたことに準じて、大石寺における六人の本弟子（本六僧）を定められた。

堂宇の完成を見守る日興上人と南条時光

永仁《えいにん》六（一二九八）年の『弟子《でし》分《ぶん》本尊目録』や、正安三（一三〇一）年ごろ著《あらわ》された『富士一跡門徒存知事』に、日目・日華・日秀・日禅・日《にっ》仙《せん》・日乗の六師の名前が記されており、この本弟子六人が日興上人を補佐し、また御本尊への給仕等、大事な役目を担《にな》ったのである。

重須《おもす》談所《だんじょ》

永仁六（一二九八）年二月、大石寺創建から八年後、日興上人は大聖人が身延に入山された年齢と同じ五十三歳の時に、大石寺を日目上人に託《たく》し、石川氏の所領である重須（富士宮市北山）に移られた。日興上人は、そこを徒弟《とてい》教育の場「談所」として三十五年にわたって住まわれた。その間、嘉元《かげん》二（一三〇四）年には、日向のもとから帰伏《きぶく》してきた寂仙房日澄《じゃくせんぼうにっちょう》師を重須談所の初代学頭に任じ、さらに文保元《ぶんぽう》（一三一七）年ごろには、二代学頭として三位日順《さんみにちじゅん》師を任ぜられている。

また、日興上人は長年にわたり、大石寺との間を往来《おうらい》する門弟たちに、『立正安国論』『開目抄』『御義口伝《おんぎくでん》』等の講義をはじめ、身延離山の経緯や本門寺建立《こんりゅう》の構想などを教示された。

この御講義のさなか、日尊師が庭の梨の葉が落ちるのを見ていて、日興上人より勘当《かんどう》されたという逸話《いつわ》がある。これによって日尊師は発憤《はっぷん》し、全国各地に転教《てんぎょう》して三十六カ寺を建立し、許されたと伝えられる。これは日興上人が強い信念と気迫をもって講義指導に当たられていたことを示すものである。

日興上人は、大聖人の御書を数多く収集・書写し、十大部御書を撰定《せんてい》され、自らも『宗祖御遷化《ごせんげ》記録』や『弟子分本尊目録』等の記録、さらには

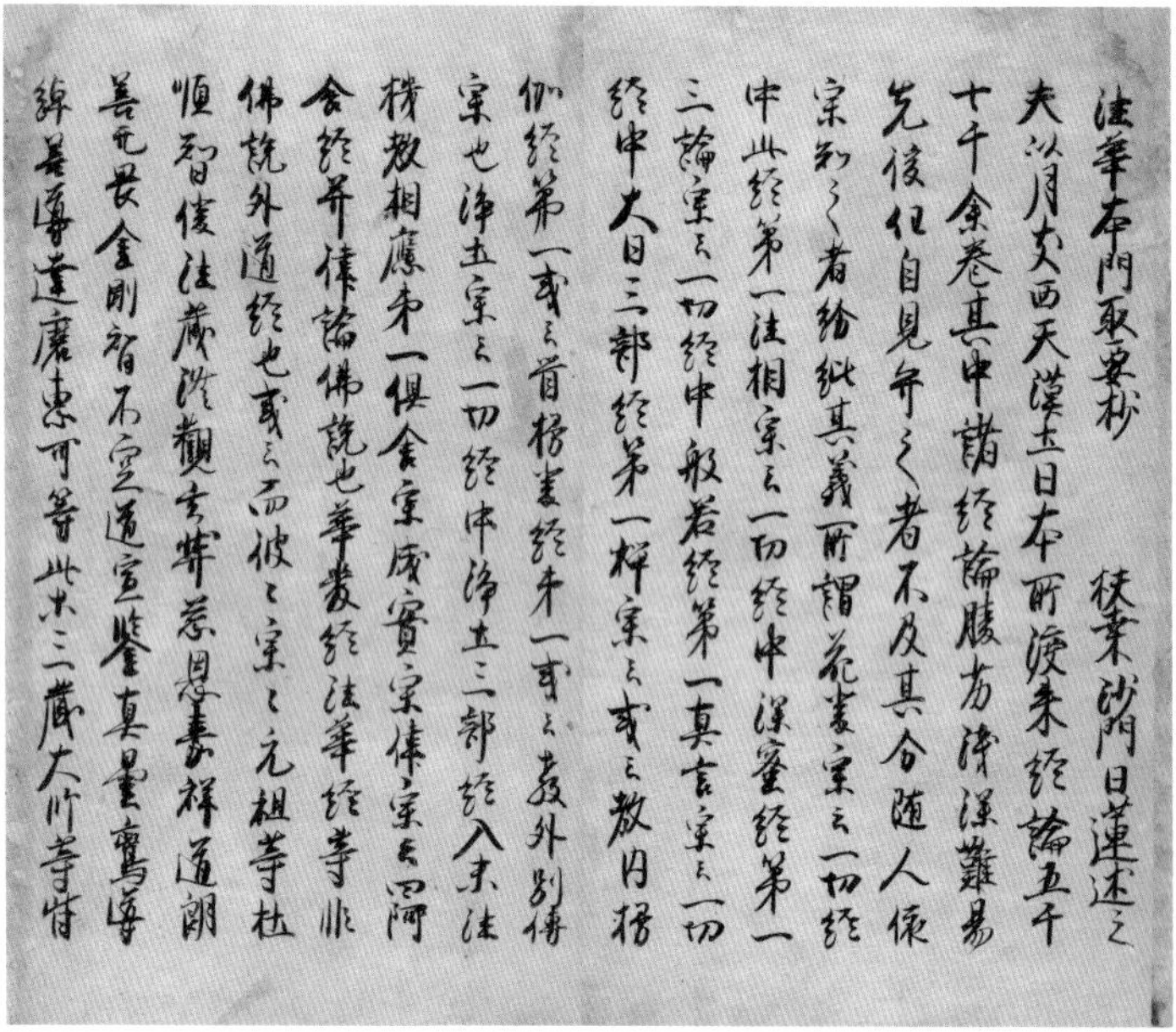
法華本門取要抄
扶桑沙門日蓮述之
夫以月支西天漢土日本所渡来経論五千
七千余巻其中諸経論勝劣浅深難易
先後但自見弁之者不及其分随人依
宗知之者紛紛其義所謂華厳宗云一切経
中此経第一法相宗云一切経中深密経第一
三論宗云一切経中般若経第一真言宗云一切
経中大日三部経第一禅宗云或云教内楞
伽経第一或云首楞厳経第一或云教外別伝
宗也浄土宗云一切経中浄土三部経入末法
機教相応第一倶舎宗成実宗律宗云四阿
含経并律論仏説也華厳経法華経等非
仏説外道経也或云云而彼々宗々元祖等杜
順智儼法蔵澄観玄奘慈恩嘉祥道朗
善無畏金剛智不空道宣鑑真曇鸞道
綽善導達磨慧可等也此等三蔵大師等皆

日興上人写本『法華取要抄』（大石寺蔵）

『日興遺誡置文《ゆいかいおきもん》』『佐渡国《さどのくに》法華講衆御返事』等の数多くの著述・消息を残されている。

五一の相対

日興上人は、他の五老僧（日昭・日朗・日向《にこう》・日頂・日持）の邪義と、大聖人の御法門を承継《しょうけい》される自らの正義《しょうぎ》とを『富士一跡門徒存知事』『五人所破抄』等に明確に記され、門弟等に対し教示された。

その主な内容は、左のとおりである。

五老僧の邪義

①大聖人の仏法を天台の踏襲《とうしゅう》とみなし、申状《もうしじょう》に「天台沙門《しゃもん》」と号した。

②伊勢《いせ》神宮や二所（伊豆山《いずさん》と箱根《はこね》）・熊野権現《くまのごんげん》などの神社に参詣《さんけい》した。

③仮名《かな》文字の御書を蔑《さげす》み、すき返しにしたり焼却したりした。

④本迹一致《ほんじゃくいっち》を立て、如法《にょほう》経や一日《いちにち》経などの像法《ぞうぼう》時代の行を修した。

⑤釈尊の仏像を造立《ぞうりゅう》し、本尊と崇《あが》めた。

⑥大聖人の法門は天台宗であるから、比叡山《ひえいざん》において出家受戒すべきであるとした（日昭の門流は比叡山で受戒した）。

⑦大聖人の墓所《むしょ》であった身延を重視し、日興上人の不参を非難した。

⑧富士山を辺鄙《へんぴ》の地と卑《いや》しめた。

日興上人の正義

①大聖人を末法の本仏と立て、申状に「日蓮聖人の弟子」と称《しょう》された。

②『立正安国論』の精神より、神社参詣は謗法であるとされた。

③漢字・仮名文字を問わず、大聖人の御書すべてを尊重された。

④一部読誦《どくじゅ》を戒《いまし》め、題目を末法の正行《しょうぎょう》とされた。

⑤大聖人自筆の大漫荼羅《だいまんだら》を本尊とされた。

⑥比叡山の戒は像法《ぞうぼう》所持の法華迹門戒《しゃくもんかい》であり、大聖人の受戒は法華本門の大戒《たいかい》で、これを末法《まっぽう》所持の正戒《しょうかい》とされた。

⑦謗法《ほうぼう》と化した身延には大聖人の御魂《おんたましい》は住まわれないとされた。

⑧富士は閻浮《えんぶ》第一の最勝の地であり、大聖人の本願を祈る所とされた。

この五老僧と日興上人との相異の判釈《はんじゃく》を「五一の相対」という。これにより日興上人の門流のみが正しく法を伝えていることが明らかである。

国主への諫暁《かんぎょう》

日興上人が、武家《ぶけ》および公家《くげ》へ諫暁された申状については、現在三通の写本が残っている。このうち、正応《しょうおう》二（一二八九）年正月と、元徳《げんとく》二（一三三〇）年三月の二通は武家への奏状《そうじょう》であり、嘉暦《かりゃく》二（一三二七）年八月の一通は公家への天奏状である。

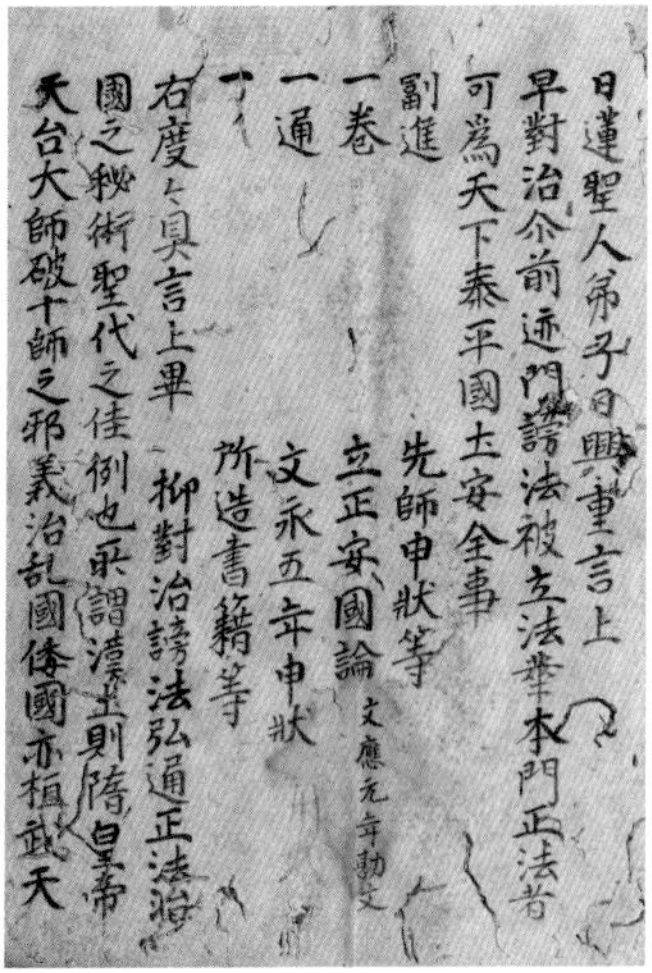
日蓮聖人弟子日興重言上
早對治今前迹門謗法被立法華本門正法者
可為天下泰平國土安全事
副進　先師申狀等
一巻　立正安國論　文應元年勘文
一通　文永五年申狀
一　所造書籍等
右度々異言上畢　柳對治謗法弘通正法治
國之秘術聖代之佳例也　而謂漢土則隋皇帝
天台大師破十師之邪義治乱國倭國亦桓武天

第十九世日舜上人写本
『日興上人御申状』（大石寺蔵）

また、大聖人御在世の弘安《こうあん》四（一二八一）年には、大聖人が『園城寺《おんじょうじ》申状』を日興上人に付し、日目上人が代《だい》奏《そう》されたことが伝えられている。さらに『御伝土代《ごでんどだい》』には、日興上人が身延在山時に公武に上奏《じょうそう》されたことが記されており、日興上人が諫暁を頻繁《ひんぱん》に行われたことがわかる。日目上人の四十二度にわたる不惜身命《ふしゃくしんみょう》の諫暁も、大聖人の『立正安国論』の御精神と、広宣流布の御遺命を継承した日興上人の御教導・垂範《すいはん》によるものと言える。

日目上人以後も、第四世日道上人、第五世日行上人、さらには第九世日《にち》有《う》上人と歴代上人が申状を上奏されており、この国主諫暁の精神は富士の伝統として、現在まで継承されている。

弟子檀那《だんな》の布教

重須移住以後、日興上人は令法久住《りょうぼうくじゅう》のために弟子の教育に力を注がれる一方、広宣流布のために弟子檀那を督励《とくれい》して、各地の布教に心を砕《くだ》かれた。

その成果は目覚ましく、東は奥州《おうしゅう》（東北）、西は美作《みまさか》（岡山）・讃《さ》岐《ぬき》（香川）と広い範囲に及んだ。

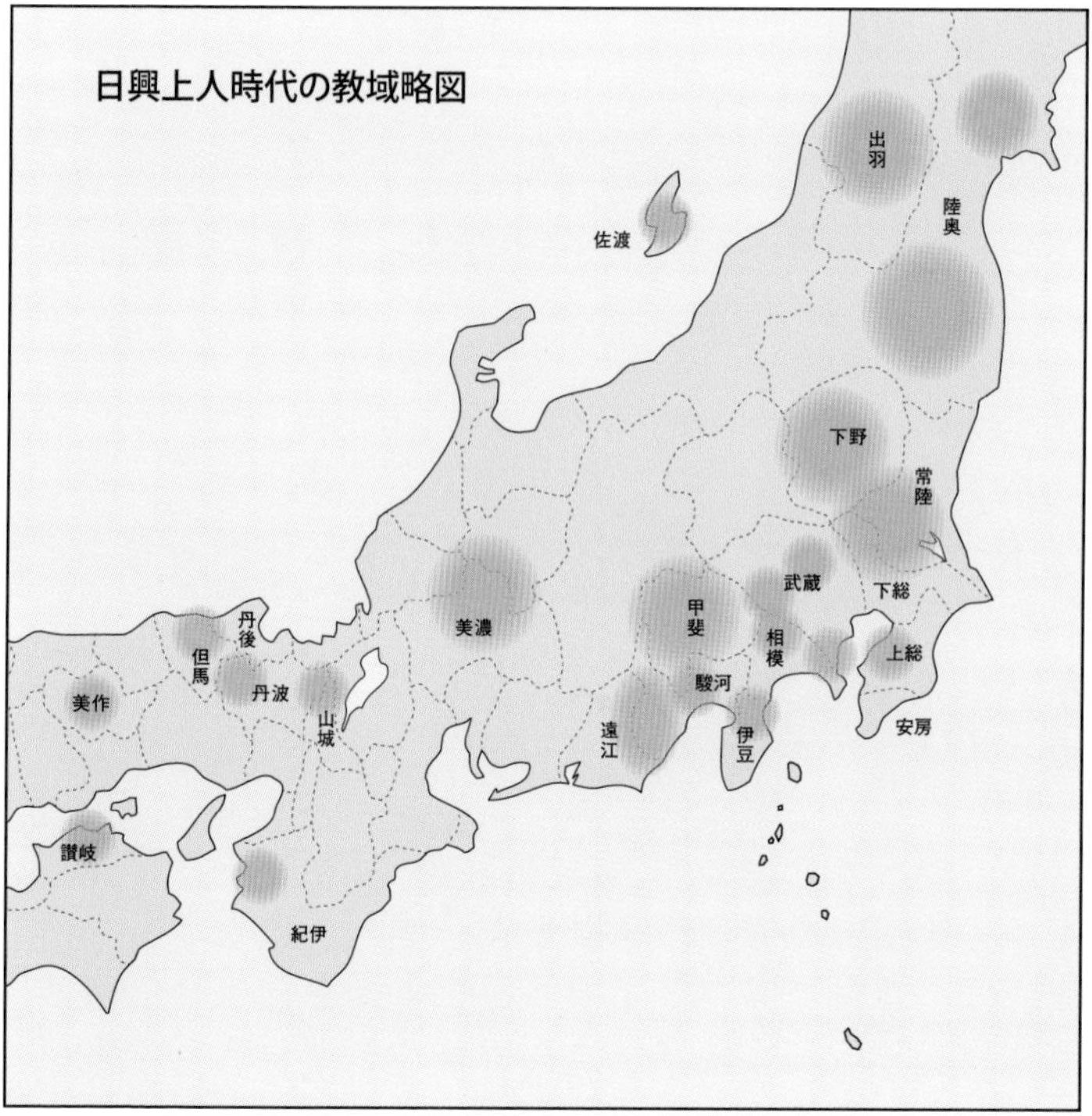

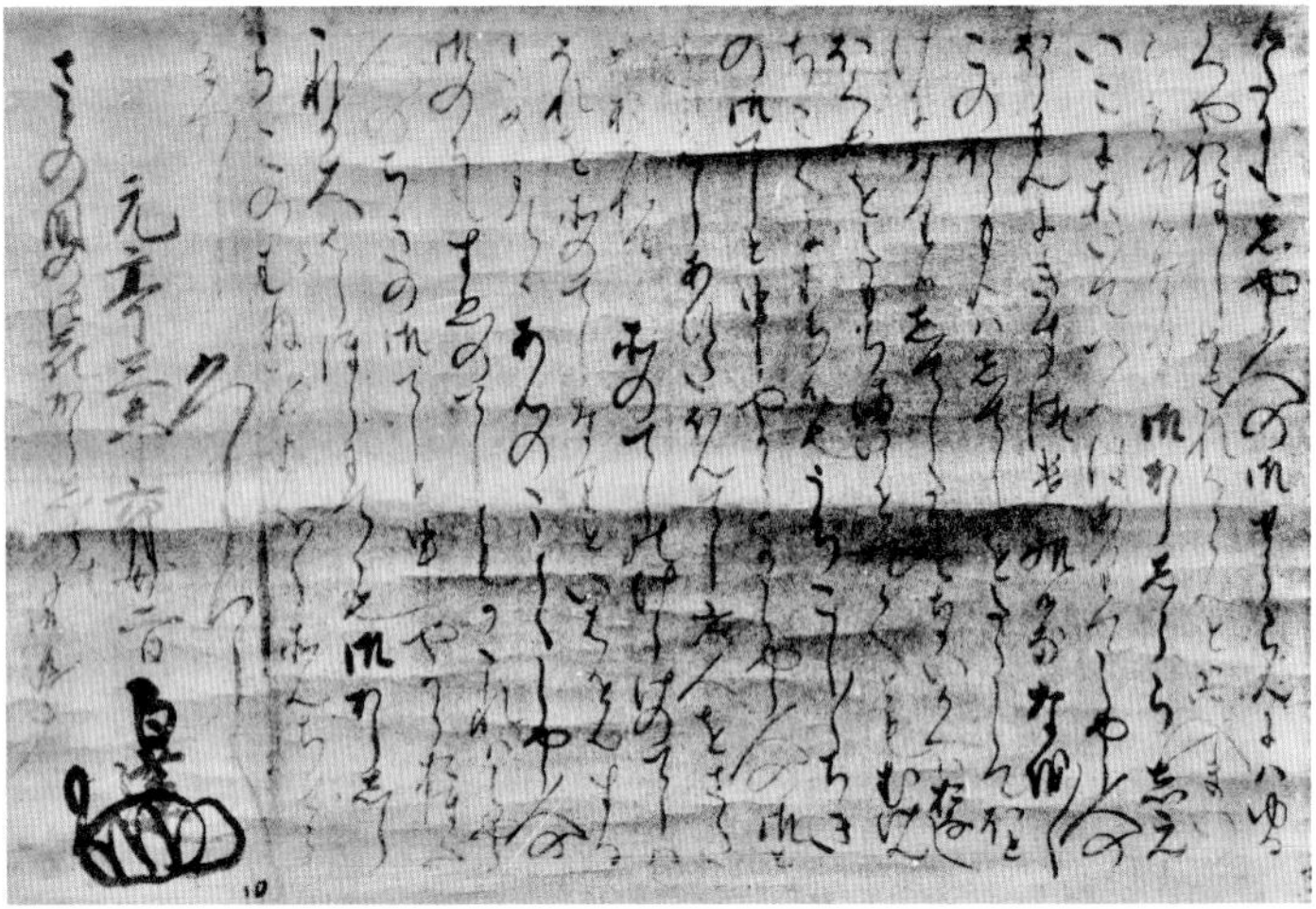

日興上人筆『佐渡国法華講衆御返事』（北山本門寺蔵）

日興上人は『佐渡国《さどのくに》法華講衆御返事』に、

「しでし《師弟子》をたゞしてほとけ《仏》になり候《そうろう》。しでし《師弟子》だにもちがい候《そうら》へば、おなじ《同》ほくゑ《法華》をたもち《持》まいらせて候へども、むけんぢごく《無間地獄》におち《堕》候也《なり》（中略）しやう《聖》人の御のち《後》も、すゑ《末》のでし《弟子》どもが、これはしやう《聖》人のぢき《直》の御でし《弟子》と申《もうす》やからおほく《多》候。これが大はうぼう《謗法》にて候也」

（歴全一―一八三㌻）

と仰せられ、布教に当たって師弟子の筋目《すじめ》を厳格にすることを訓戒されている。

相承《そうじょう》

日興上人は、正応三(一二九〇)年、すでに第三祖日目上人に法を内付されていたが、御年八十七歳の元弘《げんこう》二(正慶《しょうきょう》元・一三三二)年十一月十日、『日興跡条々事《にっこうあとじょうじょうのこと》』をしたためられた。

「一、本門寺建立の時、新田卿阿闍梨《にいだきょうあじゃり》日目を座主《ざす》と為《な》し、日本国乃至一閻浮提《いちえんぶだい》の内、山寺《やまでら》等に於《おい》て、半分は日目嫡子《ちゃくし》分として管領《かんりょう》せしむべし。残る所の半分は自余《じよ》の大衆《だいしゅ》等之《これ》を領掌《りょうしょう》すべし。

一、日興が身に宛《あ》て給《たま》はる所の弘安二年の大御本尊は、日目に之《これ》を相伝す。本門寺に懸《か》け奉るべし。

一、大石寺は御堂《みどう》と云ひ墓所と云ひ日目之《これ》を管領し、修理《しゅり》を加へ勤行を致して広宣流布を待つべきなり。

右、日目は十五の歳、日興に値《あ》ひて法華を信じて以来七十三歳の老体に至るも敢《あ》へて違失の義無し。十七の歳、日蓮聖人の所に詣で〔甲州身延山〕御《ご》在生《ざいしょう》七年の間常随給仕《じょうずいきゅうじ》し、御遷化《ごせんげ》の後、弘安《こうあん》八年より元徳《げんとく》二年に至る五十年の間、奏聞《そうもん》の功他に異なるに依って此《か》くの如く書き置く所なり。仍《よ》って後の為《ため》証状件《くだん》の如し。

十一月十日

日　興花押　」（御書一八八三ページ）

この『日興跡条々事』は、日興上人が日目上人に本門戒壇の大御本尊を相伝し、大石寺を管領《かんりょう》して広布の指揮《しき》を執《と》るよう遺命《ゆいめい》された御付嘱状《ごふぞく》である。

遺誡《ゆいかい》

日興上人は翌元弘《げんこう》三（正慶《しょうきょう》二・一三三三）年正月十三日、日目上人をはじめとする門下一同に対し、『日興遺誡置文《ゆいかいおきもん》』二十六箇条を定められた。これは大聖人の御法門に基づく信条、化儀《けぎ》、勧誡《かんかい》等を門下万代《ばんだい》の亀鑑《きかん》として遺誡されたものである。なかでも、

「一、富士の立義聊《りゅうぎいささか》も先師の御弘通《ごぐずう》に違《い》せざる事。

一、当門流に於《おい》ては御抄を心肝に染め極理《ごくり》を師伝して若《も》し間《いとま》有らば台家《たいけ》を聞くべき事。

一、未《いま》だ広宣流布せざる間は身命《しんみょう》を捨てゝ随力《ずいりき》弘通を致すべき事」

（御書一八八四㌻）

の三箇条は、広宣流布へ邁進《まいしん》する本宗僧俗にとって厳守《げんしゅ》すべき条目《じょうもく》である。

入《にゅう》滅《めつ》

元弘《げんこう》三（正慶《しょうきょう》二・一三三三）年二月七日、日興上人は臨終《りんじゅう》の説法をなされ、あたかも薪《たきぎ》が尽きて火が滅するように安祥《あんじょう》として入滅された。御年八十八歳であった。

御辞世《ごじせい》の歌として、

「ついに我住むべき野辺《のべ》の方《かた》見れば
　かねて露《つゆ》けき草枕《くさまくら》かな」

「総《よろ》づをば棄《す》てて入《い》るにも山の端《は》に
　月と花との残りけるかな」（歴全一―二〇八ジペー）

の二首が伝えられている。

遺弟《ゆいてい》、所化大衆《だいしゅ》および遠近《おんごん》の檀越《だんのつ》が集《つど》い、日目上人の大導師により、二月八日酉《とり》の時（午後六時）に入棺《にゅうかん》、戌《いぬ》の時（午後八時）に御葬送《ごそうそう》の儀が修されたのである。

宰相阿闍梨日郷《さいしょうあじゃりにちごう》は、日興上人の御葬送の次第と、のちの遺物《ゆいもつ》配分の記録を『日興上人御遷化次第《ごせんげ》』に書き留めている。

この記録に見える、太刀《たち》、馬、鞍《くら》、帷《かたびら》、絹《きぬ》片方、銭《ぜに》一連等という遺物のとぼしさは、日興上人の平生《へいぜい》の質素な生活を物語っており、質実剛健を旨《むね》とされた日興上人の気風を拝することができる。

日興上人の御入滅から六百八十二年を経た今日、本宗僧俗は日興上人の、

「未《いま》だ広宣流布せざる間は身《しん》命《みょう》を捨て、随力弘通《ずいりきぐずう》を致《いた》すべき事」（御書一八八四ページ）

との遺誡を守り、広宣流布大願成就《だいがんじょうじゅ》に向け、異体同心して折伏弘教に邁進《まいしん》している。

大石寺遠景

日興上人略年表

年表の見方

一、本年表の符号は次の通り。
イ、○は月日不確定を意味し、「この年」を表す。
ロ、▽は年月日不確定を意味し、「この頃」を表す。

二、各事項末尾の（　）は出典書名を表す。なお漢数字のみの場合は平成新編御書頁を表す。出典書名の略号は次の通り。

歴全…日蓮正宗歴代法主全書
大過去帳…大石寺大過去帳
聖…日蓮正宗聖典
富要…富士宗学要集
日興詳伝…富士日興上人詳伝
熱原年譜…熱原法難史関係年譜
宗全…日蓮宗宗学全書
西山文書…西山本門寺文書

年号	西暦	聖寿	興寿	月日	御事跡並に関連事項
寛元4	一二四六	25	1	3・8	日興 甲斐大井庄鰍沢に生まる（聖五九五・聖六〇五）
正嘉2	一二五八	37	13	▽	大聖人 駿河岩本実相寺に大蔵経を閲す（聖六〇六）
				○	日興 大聖人の弟子となり交名を伯耆房と賜わる（聖六〇六）
文応元	一二六〇	39	15	7・16	大聖人 立正安国論を幕府に献ず［第一国諫］（一二三四）
				8・27	大聖人 松葉ケ谷法難（一一五〇）
				○	日目 伊豆仁田郡畠郷に生まる（聖六〇三）
弘長元	一二六一	40	16	5・12	大聖人 伊豆配流、日興供奉（一三九六・聖六〇六）
弘長3	一二六三	42	18	2・22	大聖人 流罪赦免鎌倉に帰る（一〇二九）
文永元	一二六四	43	19	11・11	大聖人 安房東条小松原にて地頭景信に要撃さる、鏡忍房・工藤吉隆殉難（一三二六）
文永8	一二七一	50	26	9・12	大聖人 竜口法難（一〇五九）
				10・10	大聖人 相模依智本間邸を発ち佐渡に向かう（四八四）、日興供奉（聖五九六）
				10・28	大聖人 佐渡に着く（一〇六二）
				11・1	大聖人 佐渡塚原の配所に入る（一〇六二）
文永11	一二七四	53	29	3・13	大聖人 赦免され一谷を発つ、日興供奉（九六〇）

				3・26	大聖人 鎌倉に着く（一〇三〇）
				4・8	大聖人 平頼綱に見参［第三国諫］（一〇三〇）
				5・12	大聖人 鎌倉を発ち身延へ向かう（一〇三〇）
				5・17	大聖人 身延に着く（七三〇）
				▽	日興 駿河岩本実相寺方面に往復して弘教す（熱原年譜）
				○	日目 初めて日興に謁す15才（聖六〇三）
建治元	一二七五	54	30	▽	日興の教化により駿河熱原滝泉寺寺家下野房日秀・越後房日弁・少輔房日禅・三河房頼円及び在家若干帰伏して弟子となる（熱原年譜）
				6月	滝泉寺大衆の改宗により院主等謗徒の迫害起こる（熱原年譜）
建治2	一二七六	55	31	4・8	日目 伊豆走湯山円蔵坊にて日興により得度（聖六五三）
				11・24	日目 身延山に詣で大聖人に常随給仕す（聖六〇三）
弘安元	一二七八	57	33	1・1	就註法華経口伝［御義口伝］成る、日興筆録（一七一一）
				▽	熱原神四郎・弥五郎・弥六郎入信（歴全一－九四）
				3月	日興・日持等 四十九院申状を幕府に呈す（歴全一－七一）
弘安2	一二七九	58	34	4・8	法華行人四郎男 駿河三日市場浅間神社にて法敵のために傷害さる（一四〇四）

年号	西暦	聖寿	興寿	月日	御事跡並に関連事項
弘安2	一二七九	58	34	8月	弥四郎男 法敵に首を斬らる（一四〇四）
				9・21	駿河熱原の信士神四郎等20人 滝泉寺行智等に讒せられ鎌倉に送らる［熱原法難］（一四〇二・歴全一―九四）
				10・12	大聖人 本門戒壇の大御本尊を建立す
				10・12	大聖人 日興・日秀・日弁に書を報じ、滝泉寺申状草案を与う（一三九九）
				10・15	熱原神四郎・弥五郎・弥六郎鎌倉に刑死す、他17人放免（一四〇五・歴全一―九四）
				10・15	日興等 鎌倉より大聖人に法難の状を急報す（一四〇五）
				10・17	大聖人 日興・日秀・日弁に書を報ず（一四〇五）
				○	大聖人 日興に上行所伝三大秘法口決を相伝す（聖六一三）
弘安3	一二八〇	59	35	1・11	大聖人 日興に具騰本種正法実義本迹勝劣正伝［百六箇抄］を相伝す（一六八五）
弘安4	一二八一	60	36	○	大聖人 園城寺申状を日興に付し、日目代奏す［初度天奏］（聖六五三）
弘安5	一二八二	61	37	9月	大聖人 日興を唯授一人本門弘通の大導師と定め日蓮一期弘法付嘱書を与う（一六七五）

9・8	大聖人 身延を出山（聖六一四）
9・18	大聖人 池上に着く（一八六三）
10・8	大聖人 日興に産湯相承を相伝す（一七〇八）
10・8	大聖人 六老僧を定む（一八六三）
10・10	大聖人 日興に教化弘経七箇口決大事・御本尊七箇相承を相伝す（一七〇六・聖三八〇・聖六一四）
10・11	大聖人 日興に法華本門宗血脈相承事［本因妙抄］を与う（一六七六）
10・13	大聖人 日興を身延山久遠寺の別当と定め身延山付嘱書を与う（一六七五）、辰の刻 池上宗仲の館にて御入滅（一八六四）
10・16	日興 宗祖御遷化記録を記す（一八六三）
10・21	日興 大聖人の遺骨を奉じ池上を発つ（富要五―一四五）
10・24	日興 上野南条時光の館に宿す（富要五―一四五）
10・25	日興 身延に帰山（富要五―一四五）
12・11	波木井実長［日円］日興に書を奉る（西山文書）
○	日興 安国論問答を著す（聖六一四）

年号	西暦	聖滅	興寿	月日	御事跡並に関連事項
弘安6	一二八三	2	38	1月	大聖人の諸直弟 身延御廟輪番の制を定め百箇日忌を修す （聖五八六）
				10・13	日興 身延に大聖人第一周忌を修す （聖六一五）
弘安7	一二八四	3	39	10・13	日興 身延に大聖人第三回忌を修す （聖五五四・聖七〇八）
				10・18	日興 美作房に書を報ず ［美作房御返事］ （聖五五四）
弘安8	一二八五	4	40	1・4	波木井日円 日興に供養の状を奉る （西山文書）
				2・19	波木井日円 日興に書を奉る （西山文書）
				○	日興 公武に申状を奉る （富要八―三三五）
				▽	日向 身延に登り学頭に補せらる （聖五五八）
弘安9	一二八六	5	41	▽	日向に不法の色現わる （聖五五八）
弘安10	一二八七	6	42	10・13	日興 本尊を書写 （富要八―一七九・宮城上行寺蔵）
弘安11（正応元）	一二八八	7	43	4・8	日向 諸岡入道門下の小家に籠居し、画工を招き絵曼荼羅を画かしむ （聖五六一）
				12・5	波木井清長 日興に誓状を捧ぐ （富要八―一〇）
				12・16	日興 原弥六郎に書を報ず ［原殿御返事］ （聖五五七）

正応2	一二八九	8	44	1月	日興 武家への申状を書す（富要八―三三二）
				春	日興 身延を離山し河合を経て富士上野南条の館に入る（日興上人身延離山史）
				6・1	日興 鎌倉の波木井日円に誡状を与う（富要八―一四）
				6・5	波木井日円 不遜の返事を呈す、日興は日円を義絶す（富要八―一四）
				○	日興 下之坊を創す（寺誌）
正応3	一二九〇	9	45	10月	日興 大石ケ原に大石寺建立の工を始む（大石寺文書）
				10・12	大石寺創建（大石寺文書）
				10・13	日興 日目に法を内付し本尊を授与す［譲座本尊］（富要八―一七九・大石寺蔵）
				○	日興 武家への申状を書す（富要八―三三五）
正応4	一二九一	10	46	10・7	日興 上野大胡に本応寺を創す（寺誌）
永仁2	一二九四	13	49	10・13	日興 大聖人第十三回忌を修す（聖六二七・聖六五八）
永仁6	一二九八	17	53	2・15	日興 重須に御影堂を建立して移る［重須談所開設］（聖六二八・聖六五八）
				○	日興 白蓮弟子分与申御筆御本尊目録事［本尊分与帳］を記す（富要八―五）

年号	西暦	聖滅	興寿	月日	御事跡並に関連事項
永仁6	一二九八	17	53	▽	日興 本弟子6人を定む（富要八—六）
正安元	一二九九	18	54	秋	日興 大夫阿日尊を勘当（聖七〇八・聖七一二）
正安3	一三〇一	20	56	▽	日興 富士一跡門徒存知事を草す（一八六七・聖五三五）
正安4（乾元元）	一三〇二	21	57	3・8	日頂 下総真間弘法寺を日揚に付し重須に来たり日興に帰依す（聖六三四）
嘉元元（乾元2）	一三〇三	22	58	8・13	日興 本尊を書写す［大石寺持仏堂安置本尊］（大石寺蔵）
嘉元2	一三〇四	23	59	5月	日興 申状を書す（西山文書）
				9月	日興 立正安国論を書写す（大石寺蔵）
嘉元3	一三〇五	24	60	10・2	日興 了性房日乗に書を与う（歴全一—一一七・大石寺蔵）
嘉元4（徳治元）	一三〇六	25	61	4・8	日興 白蓮持仏堂安置の本尊を書写す（富要八—一八一・栃木信行寺蔵）
				▽	日興 本尊を書写し奥州新田卿公［日目］に授与す（大石寺蔵）
徳治3（延慶元）	一三〇八	27	63	4・8	日興 本尊を書写し熱原神四郎を追善す（富要八—二一七）
応長元	一三一一	30	66	10・12	日興 大夫阿日尊の勘気を許す（聖六三五）
正和2	一三一三	32	68	7月	日興 武家への申状を書す（富要八—三三四）

正和3	一三一四	33	69	6・18	日興 民部公日盛に書を与う（歴全一―一三四・大石寺蔵）
				10・13	日興 大聖人第三十三回忌を修し本尊を書写す（富要八―二二一）
文保元	一三一七	36	72	8・6	日興 甲斐曽祢氏に書を報ず（歴全一―一五一）
				▽	三位日順 重須談所二代学頭に補せらる（聖六三四）
元亨3	一三二三	42	78	6・22	日興 佐渡国法華講衆に書を報ず（歴全一―一八二）
元亨4（正中元）	一三二四	43	79	8・29	日興 本尊を書写す［大石寺持仏堂本尊］（富要八―二二一）
				12・29	日興 本尊を書写し日目に授与す（富要八―二〇六）
正中2	一三二五	44	80	11・13	石川妙源 日興に重須御影堂寄進の置状を奉る（富要八―一六一）
嘉暦2	一三二七	46	82	8月	三位日順 日興に代わり上洛天奏す（宗全二―三三六）
				11・17	日興 武家への申状を書す（富要八―三三四）
				▽	日興 三時弘経の図［次第］を記す（富要八―三三四）
嘉暦3	一三二八	47	83	7月	三位日順 五人所破抄を草す（一八七五・富要二―八）
元徳2	一三三〇	49	85	2・24	日興母妙福 駿河河合に卒（大過去帳）
				3月	日興 武家への申状を書す（富要八―三三四）

年号	西暦	聖滅	興寿	月日	御事跡並に関連事項
元徳2	一三三〇	49	85	9・10	日興 五重円記を著す（聖五三四）
				○	日興 跡条々事の稿を草す（大石寺蔵）
元弘元（元徳3）	一三三一	50	86	12月	日目 日郷に本尊を授与す（富要八―二〇六）
元弘2（正慶元）	一三三二	51	87	1・12	日道 日興の御遺告を記す（聖五九八）
				5・1	大石寺・富士妙蓮寺開基檀那沙弥大行［南条七郎次郎時光］卒74才（大過去帳）
				7・24	日興 本尊聖教に関する置文を書し如寂房日満に与う（富要八―一四五）
				10・16	日興 如寂房日満を北陸道七箇国の大別当と定む（富要八―一四五）
				11・3	日興 本尊を書写し日目に授与す［御手続本尊］
				11・10	日興 日目に日興跡条々事を与え本門弘通の大導師と定む（富要八―一八八・大石寺蔵）
				○	日興 新弟子6人を定む（聖六三七）（一八八三）
元弘3（正慶2）	一三三三	52	88	1・13	日興 遺誡置文二十六箇条を定む（一八八三）

1・27	日興 本尊を書写す［御筆止本尊］（聖六四一・富要八—一八八・大石寺蔵）
2・7	二祖日興 重須に入滅88才（大過去帳・聖五九八）
2・8	日興葬送（宗全二—二七〇）
2・13	日目等 日興の遺誡により大聖人御影並に園城寺御下文守護につき違背なきよう誡む（聖五八六・大石寺蔵）
2月	宰相阿日郷 日興遷化記録及び遺物配分之事を記す（宗全二—二七〇）
▽	日道 御伝土代を著す［大聖人・日興上人・日目上人伝記の最初］（聖五八七）

日興上人略伝

平成二十七年三月八日
令和四年十月二十八日

監修　日蓮正宗総本山第六十八世　早瀬日如

編纂
発行　日蓮正宗宗務院

発行所　静岡県富士宮市上条五四六番地の一
株式会社　大日蓮出版

ISBN 978-4-910458-12-0